Karl Mündlein

Weih und Blooz

Karl Mündlein

Weih
und
Blooz

Gedichte aus Hohenlohe

Silberburg-Verlag

Karl Mündlein wurde 1942 in Weikersheim im Taubertal geboren. Mit 14 Jahren begann er eine Lehre als Fernmeldehandwerker in Stuttgart und arbeitete danach sechs Jahre beim Fernmeldeamt Schwäbisch Hall in verschiedenen Orten des Hohenloher Landes. Nach dem Besuch der Technischen Oberschule Heilbronn absolvierte er ein Lehramtsstudium in Ludwigsburg und Schwäbisch Gmünd. Als Lehrer unterrichtete er – nahe seiner Hohenloher Heimat – im Mainhardter Wald. Seit 2006 ist er im »Unruhestand«.

1. Auflage 2009

© 2009 by Silberburg-Verlag GmbH,
Schönbuchstraße 48, D-72074 Tübingen.
Alle Rechte vorbehalten.
Umschlaggestaltung: Anette Wenzel, Tübingen, unter Verwendung
eines Fotos von Karl Mündlein.
Druck: Freiburger Graphische Betriebe, Freiburg i. Br.
Printed in Germany.

ISBN 978-3-87407-856-6

Besuchen Sie uns im Internet und entdecken Sie
die Vielfalt unseres Verlagsprogramms:
www.silberburg.de

Inhalt

A Versucherle

D'Wohred

Im Weih lichd d'Wohred,
had amol en gscheider Mou gsoochd.

Awwer wos is d'Wohred
eichendlich?

In meim Weih lichd a Mugge!
Is des vielleichd d'Wohred?

Noo wär se awwer kloo!

Liebe

Frieher had mer gsoochd:

Liebe
gehd durch d' Mooche!

Und denooch?

Zwedschgeblooz

En Freind von mir,
dem sei Grooßmuder
had a bissle a grooße Noose ghobd.

Und derre ihr Kinn
schdehd ah weid nach owwe.

Doo had mein Freind
amol verzeild:

»Mei Grooßmuder is arm drou.
Die kou koon Zwedschgeblooz esse!

Die schiebd beim Neibeise
mid d' Noose immer
d'Zwedschge weg.«

Schwarzriesling

A Glesle
Schwarzriesling,
schwarz
rieselds ins Gloos.
Rood,
Farb vom Lewe,
dungel,
violedd,
mid helle Irrliichder,
mid roode Dropfe,
die d' Schwerkrafd
drodze.

A dufdende Schbur,
frisch und lebendich.

Dungle Render,
diefgrindiche Wirbel,
die se langsam
in a hells, strahlendes
Rood
verwandle.

A gewaldiche Sinfonie,
harmonisch,
mid klare Kläng,
in d' Lewesfarb
im Dufd,
im Gschmagg.

Schdreiselkuche

Kuche
had's frieher faschd ned gewwe!

An en Heifezoupf
kou ih mih no guud erinnere.

Den hob ih ned sou gmechd,
der wor sou drugge.

Der had ner gschmeggd,
wenn mer'n in d' Kaffee dungd had.

Des wor nix Guuds,
des wor nix Bsonders,
wenn mer den ah ner sunndichs griechd had.

Und an d' Kerwe,
doo had's dann Schdreiselkuche gewwe!

Des wor wos Bsonders,
weil d'Kerwe ner oh Mol im Johr wor.

D' Boude wor faschd finf Zendimeder digg
und owwe druff
wore runde Kichele,
hald Schdreisele.

Die wore siiß,
wore aus Budder,
Zugger und Mehl.

In d' Midde vom Kuche
wore ganz viele,
awwer am Rand had's ausgsehe,
als wäre d'meischde roogrolld.

Uff dem runde Kuche
wore dann viel Schdreisel an d' Schbidze,
awwer am braade Rand
wor faschd nix.
Sou wor d' Kuche hald ah arch drugge
und d'siiße Schdreisel
arch kloo und selde.

Als die Grooß von meinere Schwesder amol
in d' Ferie in d' Schdadd bei Verwande wor,
hewwes die am erschde Dooch gfrochd,
ob se en Kuche mid em Kaffee will?

»No«, sechd doch des Madle, –
und vielleichd had se
an en Schdreiselkuche denkd:
»A gscheids Veschber
wär mer liewer!«

Wos Guuds

Neilich wor ih
in onere klennere Werdschafd,
in em klennere Hoheloher Schdäddle.
Uff d' kloone Veschberkarde
is wos Grooßes gschdande:

Bludworschdmauldasche!

Blud-worschd-maul-dasche,
des muschd d'r amol
uff d' Zunge zergehe lasse!

Doo brauchschd
awwer
a grooß Maul
dozu!

Heidzudooch

En bsondere Dooch

Heid is d' achde, achde, null achd.
Heid hewwe bsonders viel Laid gheierd!
Weil des a bsonders Dadum is.
Ob des Gligg bringd?

Odder weil mer se sou
sein Hochzichsdooch guud merge kou?

In unserer Zeid heiwe
d'meischde Ehe ned arch lang.

Ob's mid dem Dadum
besser gehd?

Ja und gibd's dann ah a bsonders Dadum
fer d'Scheidung?

Roodkäpple

Sechd a kloos Madle
mid em roode Käpple uff em Koupf
zu seiner achzichjähriche Grooßmuder,
die a bissle krank im Bed leid:

»Grooßmuder,
bleib ner no a bissle doo!
Dei Rende
kenne mer guud brauche!«

Vochelgezwidscher

Ih hogg in meim Garde,
oweds.
Alle hewwe Feierowed gmachd.
D'Sunne had se scho ins Neschd gleichd.
Ner d'Veichel hewwes no
nodwendich.
Uff d' Boome,
in d' Bisch hogge se,
pfeife, zwidschere und singe.
En vielschdimmiche, feine Chor
in alle Tonlaache.

Ih schdeh im Subbermargd
an d' Kasse.
Vor mir, hinder mir, newe mir,
Laid, Laid und no meeh Laid.
Jeder schiebd en Eikaafswooche
vor seim Bauch her.
Verschdoohnerde, ernschde Gsichder,
gugge schdarr vor se nou.
Koo Lache, koon Ton,
nix.
Faschd.

Awwer die Scänner an d' Kasse
zwidschere wie d'Veichel!
Faschd!
Ner ohschdimmich,

hekdisch, fohrich
alle
im gleiche,
fibsiche Ton.

Lewensversicherung

Haschd du ah one?
Des had doch heid jeder!
Des brauchd mer heid, –
scho weche d' Schdeier –
is se ah no so deier!

Und iwwerhaubd,
alles muss mer
fer alle Fäll
versichere!

Des kou ih verschdehe,
faschd immer!

A deiers Audo,
des muss sei!

A scheens Heisle,
des is zu werdvoll!

Geiche Blidz,
Hochwasser,
Hachel und Feier!

Doo griechschd
dann widder a neis!

Awwers Lewe?
Doo griechschd
bei d' hechschde
Versicherungssumme
koo neis meeh!

Worum versicherschd
des noo?

D' Schbiechel

Schbiechel had mer frieher
ned viel ghobd.
's wore scho seldene Dinger.

Meischd mid em braade Goldrohme –
wos Werdvolls.

's Schbiechelgloos is zuerschd am Rand
und schbäder ah in d' Midde
a bissle blind worre.

Awwer des wor ned sou schlimm,
sou haschd ner gmergd,
dass d' Schbiechel
älder worre is.

Die neie Schbiechel,
die kenne doo koo Midlaad.
Jeds kloos Fäldle
zeiche die d'r uhschenierd.

Und domid's goor
ned zu arch werd,
hob ih fer die
en kloone Schbiechel kaafd,
mid em bsonders scheene Rohme.

Wenn d'r amol
dei Gsichd nimmi gfälld,
noo guggschd
hald d' Rohme ou!

Fernmeldegeheimnis

Frieher,
als ih no bei d' Telefoner wor,
doo wor ons wichdich!

Wenn doo amol in onere Leidung
a Gschbräch midgherd haschd,
haschd nix driewer sooche derfe,
sunschd wärschd ins Gfängnis kumme!

Des Fernmeldegeheimnis,
des hewwes uns scho als Schdifd eibläud,
des derf mer ned verledze.

Und doo hewwe mer uns
ah immer drou ghalde,
scho weche d' Engschd
vor d' vergidderde Fenschder!

Awwer wie is des heid?

Neilich bin ih in Schdugerd gweeh.
Doo lefd doch sou en gschniegelder Mou
im Ouzuch midere Grawadde rum.
Im Ohr had er en kloone Knoupf
und vor seinere Gosche
a kloos Mikrofon.

Und sou schwädzd der
midde uff em Gehweech,
sou, dass alle midhere kenne,
ebbes von em Mou,
der bei seinere Firma Kunde is
und der viel Geeld had,
und dass mer den ja guud behandeld
und ehm ah en ginschdiche Kredid geid.

Und dann in d' S-Bohn
uff d' Hoomfahrd.
Doo hoggd doch a blonds Madle hinder mer
und verzeild ihr ganz Seelelewe in a Hendi,
jammerd, wos fer a arme Sau sie sei.

Und a boor Schdadzione schbäder
her ih a Männerschdimm.
Ih muss erschd suche, wo die herkummd.

Doo leid doch en junger, schlanger Mou
iwwer zwaa Sidzblädz
mir schreech geicheiwwer,
ah sou a kloons Mikrofon
vor d' Gosche,
und schwädzd mid onere Fraa.
Verzeild derre, wo er grood is
und dass die jedzd des Schnidzel
in d'Pfanne due kou.

Doo hob ih mih dann widder
ans alde Fernmeldegsedz
mid dem Fernmeldegeheimnis erinnerd.
Ob des heid ah no gildich is?

Ih glaab,
des brauchd mer heid nimmi.
Heid muschd die Gschbräch midhere,
ob d'moochschd odder ned.

A Geheimnis –
gibd's des heid no?

Mein Alldooch

Mensch ercher di ned

Ih ercher mi iwwer:

D'Schdeier, die mer jeden Monad
abzouche werd.

D'Kiind in d' Schul,
die immer uhzouchener werde.

D' Grach von d' Dieffliecher
und d' viele Audos.

D' Gschdang vom Mischdbriehfohre
und von d' Raacher.

Des schlechde Wedder,
des alles ner mid graue Aache siehd.

Schbiel ih
Mensch ercher di ned,
ercher ih mih ah.

Dobei mechd ih mih
bei dem Schbiel
vom Alldoochsercher erholle.

Schdreid

Alles hob ih due,
um alles reechd z'mache.

Alles wor nix,
des wos ih due hob.

Alles wor falsch,
d'Mieh wor umsunschd.

Häd ih nix due,
wär alles besser worre.

Dann wär des bissle Nix
richdich gwese.

Uff des muss mer
erschd amol kumme!

Sou ohfach is 's Lewe:
Duschd nix,
noo is alles richdich!

Feschdhalde

's gibd Aachebligg,
die sin sou ohmohlich,
sou uhgwehnlich,
sou scheeh,
du fiehlschd de
sou gligglich.

Sou on mechschd sou geere
feschdhalde,
mid deinere schdarge Hend,
feschdgralle,
mid deine brichige Fingerneichel,
an d'Wend klebe,
mid em beschde Allesklewer.

D'Dier zunouchle
mid silberne Neichel,
d'Uhr ouheiwe,
ganz vorsichdig,
Fenschderleede verrammle
mid digge Schdiggel,
dass er nimmi dovou
kou!

Awwer,
des brauchd koo
lufdichs Wiindle.
D' Aachebligg mechd se dovou:

schlupfd under d' Dier durch,
rieseld durch dei Fauschd,
Schleichd aus deim bludende Herz.
Leis,
laudlos,
uff Zeheschbidze,
ohne dass es glei
mergschd.

Mih schdichd d' Hawwer

Mih schdichd d' Hawwer.
Mih juggd d'Gerschde.
Mih kradzd d' Rogge.
Mir schmeggd a Weize-
Bier!

Mih schdichd d' Hawwer.

Kou des sei,
dass ih z'viel
Weize-Bier
drunge hob?

Schaddeschbiel

Wenn d'Sunne widder scheind,
siehd d'Weld ohfach
freindlicher aus.

D'Farwe leichde pledzli widder
und d'Wärm
aus em Ruggsagg von d' Sunne
leichd se wohlich
uff d'Haud.

D'Schadde hewwe
scharfe Render.
Und des Loggekepfle
von em kloone Kind
sieschd erschd im Schaddebild
deidlich.

Ah du siehschd doo
ganz guud aus.
Du haschd koon Bauch meeh,
wenn de richdich
nouschdellschd.

Und d'Piggel im Gsichd
sin ohne a deiere Salwe
verschwunde.

Mer solld doch efders ebbes
in schwarz-weiß ougugge.
Dann wär d'Weld
ohfacher.

Schuhschachdel

Ih hob
a Schuhschachdel
in meim Schrang.

Ganz unde,
ganz weid hinde
hob ih se verschdaud.

Zwaa roode Gummi
halde d' digge Bauch
und d' Deggel zamme.

Drinne sin Eidriddskarde,
schene Bendel, Gschengbabier,
Zeidungsausschnidd.

Kloone Biichle,
viel Bilder
und no meeh Brief.

Des is d' Reschd,
der bliewe is
von onere grooße Lieb.

Von onere Lieb,
von der beide glabd hewwe,
se held bis zum End.

Awwer in der Schachdel
is no meeh drin,
's is no meeh iwwrich bliewe.

Ganz viel Nodelschdich,
eidruggens Herzblud,
harde Narwe.

Viele durchwachde Nächd,
bidderer Seeleschmerze
und ned verhalde Wunde.

Mer kou's faschd ned glaawe,
wos sou a Schachdel
alles ausheld.

Und von denne Schachdle
schdehe no vier Schdigg
in meim Schrang!

Denge

Wenn ih wos deng und deng,
dass des, wos ih deng,
kooner vor mer dengd had,
noo deng ih falsch.

Ih kou denge,
wos ih will,
oner had scho vor mer
desselbe dengd.

Noo deng ih,
dass ih goor nix meeh denge kou,
nix meeh denge muss.

D'Erwed is scho gschaffd.

Awwer wenn ih
uff hohelohisch deng,
kou's sei,
weil des Ländle sou kloo is,
dass ih d' Erschde bin,
der in derre Schbrooch
zum erschde Mol ebbes dengd,
wos koon Hoheloher
vorher dengd had.

Dann wär ih d' Erschde,
der des dengd had,
d' Vadder
von dem Gedange!

31

Hergewwe

Wer gibd scho
geere wos her?

Na ja, z'Weihnachde
und Oschdere

verschengd mer
scho geere wos.

Und an em
Geburdsdooch ah.

Awwer sunschd?
Wos hergewwe? Noo!

Ah Geeldschdiggle
an en Landschdreicher? Noo!

Geeld fers
Finanzamt? Noo!

Neilich hob ih mid meim Buuh
in a Aachekrangehaus gmissd.

Seid seinere Geburd
is er behinderd

und siehd ned
sou richdich.

Jedzd woors an d´ Zeid
wenigschdens oh Aach richde z'lasse.

Ih hob
a Universdädsklinig rausgsucht.
's Beschde vom Beschde,
dass jo nix bassierd.

Ih bin dann mid em
ins Krangehaus.

Als's dann sou weid wor,
hewwern mer in a Zimmer gschouwe.

Doo is er noo hergrichd worre
fer d'Oberazion.

Und ih hob en noo
mid em Wooche hergewwe misse.

Dann bin ih im Krangezimmer ghoggd
und hob gwarded.

Gedange sin mer durch d' Koupf,
durch d'Seel gange und ih hob dengd:

Ner guud, dass uns des ned
vor siebzich Joohr bassierd is.

Doo haschd a solchs Kind
hergewwe misse,

und homkumme is es
in em schwarze Kuwerdle.

Die zwaa Schdund hewwe meeh
als hunderzwanzich Minude dauerd.

Wie wor ih frooh und erleichderd
und hob em Hergodd dangd,

als se zu mer gsoochd hewwe,
ih derf ins Uffwachzimmer.

Doo is er noo gleiche,
und had gschloofe.

Kabel sin under
d' Degge vorkumme,

sin zum Käschdle gange,
des zuggd und blingd had.

Ih hob em ganz leichd
iwwer d'Bagge gschdriche

und hob zu'm gsoochd:
»Michel, Michel,
d' Babbe is widder
doo.«

Wie wor ih froh, dass des
im Joohr zwaadausend und sechs wor.

Esse

Esse und Dringe

Frieher had mer gsoochd:

Esse und Dringe
held Leib und Seel
zamme.

Esse und Dringe.
Ned Fresse und Saufe!

Sunndichssubbe

Sunndichs had's bei uns
immer a sunndächlichs Esse gewwe.

D' Vadder wor under d' Wuche
d' ganze Dooch im Gschäfd
und had doo iwwer Middooch
ner gfeschberd.

Desweche had's am Sunndich
meischdens en Broode gewwe,
von d' Sau odder von em Hoose
odder um Oschdern rum
von d' junge Gaasle.

Und als Vorschbeis had d'Muder
immer a Subbe gmachd,
a bsondere.

Sie had Knoche mit Sellerie, Laach
und Gelwe Riewe aus em Garde kochd.
Schbäder sin no selwergmachde Nudle neikumme.
Und owwe druff is no
kloogschniidener Schniddlaach
gschwumme.

Sou a Subbe,
die wor wos fer d'Aache
und fer d' Mooche.
Sou one griechschd
heid nimmi.

D' Vadder had newe seim Deller
immer a Kriechle mid Mouschd schdehe ghobd.
Des had zu jedem Esse dozu gherd.

Wenn d'Subbe amol zu haaß wor,
hob ih mei Meile gschbidzd
und vorsichdig in d' gfillde Leffel bloose.

Meim Vadder had des z'lang dauerd.
Der had von seim Kriechle
ebbes vom kihle Mouschd neigschidded.

Doo wor ih amol ganz endrischded iwwer ihn,
die guud Subbe sou zu versaue!

Doo had mein Vadder ner gmohnd:
»Im Mooche kummd doch alles zamme!«

D' sunndechliche Broode

D'Vadder had d'ganz Wuche
bei d' Telefoner gschaffd.
Zum Middooch had's doo
a druggens Veschber gewwe,
nix Warms.

Kou Wunder,
dass d' Vadder
sein sunndechliche Broode
gschädzd had.

D'Muder is sunndichs frieh
uffgschdande,
had 's Feier im Kicheherd ougmachd
und had se dann
gwasche und ouzouche.

Dann had se d'Ebbiere
uffgsedzd
und is denooch mid meim Vadder
in d'Kerch gange.

Nach em Amen is se dann
waali hoomgange.
In d' Kiche hewwe scho
d'haaße Ebbiere gwarded.

D'Muder had
d'Sunndichsklaader abgleichd,
d'Scherz umbunde
und had dann weiderkochd.

Des Sunndichsesse
had d'Muder no amol
faschd zwaa Schdunde
in d' Kiche schaffe lasse.

In onere halwe Schdund
wor noo alles gesse!

Und dann had se
widder alles schbiele kenne.
Dozu had se 's warme Wasser
uff em Herd uffsedze misse,
aus em Hohne is ner kalds kumme.
Und des alles mid d' Hend,
abschbiele, abdruggne und uffroome.

Wor des en Sunndich!

Heid is des alles anders:
Heid werd am Sunndich
amol richdich ausgschloofe.
Wer gehd dann no in d'Kerch,
wenn's doch scho sou schbäd is?
Wer kochd dann no grooß?

Heid mechd mer sich's bequem
und gehd zum Esse
in d'Werdschafd!

Und abschbiele
und abdruggne
muss mer doo ah ned –

und d' Vadder zohlds.

Meerreddich

Ih ess geere Meerreddich,
den hob ih scho frieher
als klooner Buh geere gesse.

Domols is oh, zwaa Mol im Johr
en alde Mou ins Haus kumme.

Mid em Zuch is er
aus d' Oxeforder Geichend kumme.

Had en grouwe, dungelblaue Sagg
iwwer d' Achsel henge ghobd.

Und had mid seim scharfe,
fränkische Dialegd gfrochd:

»Brauche sen koon Kreen?«,
und had drei Schdengel
uff d' Kichediisch gleichd.

»Drei Schdigg fer ner oh Mark.«
D'Muder had a weng rumdriggd,
noo had er no a Schdengele dozu gleichd.
Noo is d'Muder waach worre
und had dem Mou sei Mark gewwe.

D'Muder had dann
d'Schdange griindli gwasche,
mid em kloone Messerle
d'ledschde dreggiche Schdelle
ausgschniide und dann
d' Meerreddich ghoweld.

En scharfer Gschmagg
is dann schbidz
durch d'schmole Kiche gschliche.

Dann had's am nechschde Sunndich
Meerreddich
mid Siedflasch gewwe.

Doo haschd awwer ned
sou viel nemme derfe.
Der is der d'Noose nuffgschdiiche.

Had d'Nooselecher und
d'Schleimhaud budzd,
sou kou's ned 's beschde Dascheduuch.

Des Esse had guud gschmeggd.
wor kräfdich
und arch werzich.

Heid gibd's d' Meerreddich
ner no in Glesle.

Na ja,
den kouschd dogeiche
gleich vergesse.

Mauldasche

Mauldasche
hob ih als klooner Buh
ned sou geere gesse.

A Schdiggle Fleisch
wor mer liewer.

Heid froch ih mih,
worum's bei uns dohoom
iwwerhaubd Mauldasche gewwe had,
des wor doch a Esse fer d'Schwoobe.

Heid ess ih geere Mauldasche.
Ih kaaf se beim Medzger
und mach se in d' Briih.

Kloogschniidene Zwiwwel
und Raachfleischwerfel
brood ih in d' Pfanne ou
und des kummd dann alles
in d'Mauldaschebriih.
Des schmeggd dann scho guud.

Heid däd ih geere no amol
d'Mauldasche von meinere Muder esse.

Die had d' Daach selwer gmachd
und d'Fillung ah.
Broodschdiggle sin neikumme
und kloone Werfel
vom eichene Raachfleisch.

Die Briih wor a Geheimnis
von d' Muder.
Manchmol is a Mauldasche
im Hoofe uffbladzd,
und die Raachfleischschdiggle
sin in d' Briih
rumgschwumme.

Nach denne Raachfleischwerfel
hob ih gangeld.
Die hewwe bsonders guud gschmeggd.
Awwer des hob ih erschd
nach dreißich Johr gmergd.

Heid gibd's die Mauldasche nimmi,
d'Muder lebd scho lang nimmi.

Und kooner
had meeh d'Zeid
sodde Mauldasche z'mache.

Und kooner kou d'Erwed,
die in d' Mauldasche schdeggd,
richdich würdiche.

Sou wor's amol

Kindererwed

Daschegeeld –
meischd wore frieher
d'Dasche leer.

D'Laid hewwe ned souviel
im Beidel ghobd
und Erwed fer d'Kiind
had's domols ned souviel gewwe.

Awwer im Friehjohr
hewwe d'Bauere
d'Schulbuwe
zum Riewe verzopfe gsuchd.

Wer waas heid no,
wos Riewe verzopfe is?
D'Bauere hewwe d'Riewe
odder ah d'Ranges,
in lange Reihe gsähd.
Und d'meischde
sin ah brav uffgange.
Jedzd hewwe die kloone Pflenzlich
sich gegeseidich 's Lewe schwer gmachd.

Koons had gnuch Bladz ghobd,
um zu onere kräfdiche Riewe
zu wachse.

Den Bladz
hewwe d'Schulbuwe
schaffe misse.

Alle zwanzich Zendimeder
had mer d'Riewepflenzlich rausgrisse,
damid oh Riewe Luufd zum Wachse ghobd had.

Zwanzich Zendimeder uff oom Agger,
der zwaahunderd odder meeh Meder lang
und vielleichd achzich Meder braad wor.

Miehsam is mer uff d' Knie iwwer d' Agger groche
und had d'Riewepflenzlich rausgrisse.
D' Uhrzeicher had ned vorwärds gehe welle.

D' Agger had se um d' Berch zouche,
had sei End verschdeggd!
Und wenn mer dann endlich dord wor,
had mer a neie Zeile ougfange.

D' grumme Buggel had weh due,
ah wenn er no sou
glengig und jung wor.

Erchedwann wor's endlich Feierowed.
Mid em Bulldog is mer hoom zum Bauere gfohre.
Dann had's a verdiends Veschber gewwe:

Dungels Brood
mid Lewwerworschd aus d' Dose
und a Kriechle mid Mouschd.

Doo wore dann
d'gschundene Knie,
des buggliche Kreiz vergesse!

Und die zwaa Mark,
die wore en sauer
verdiende Lohn.

Koo Wunder,
dass mer mid dem Geeld
bsonders schborsam
umgange is.

Hoose schlachde

Bei meim Medzger hob ih neilich
newedrinne
en gschlachdede Hoose
henge seeche.

Der abzouchene Hoos,
naggich,
ohne Aache,
zardrosa,
mid em bludiche Koupf
nach unde.

Doo hob ih widder
an mei Kinderzeid
denge misse.

Doo hewwer mer
eichene Hoose ghobd,
ned zum zichde,
ned als Kuscheldierle,
ned als Schbielzeich fer d'Kiind.

Manchmol had mih mein Vadder
zum Hooseschdall gfiehrd,
vorsichdich 's Hei zur Seide due
und mer a Neschdle
von kloone, blinde, naggiche
Hesle zeichd.

Awwer ab und zu
had d' Vadder
en Hoosebroode gmechd.
D'Hoose wäre ah
z'ald worre.

Noo hob ih d' Schleifschdooh
drehe misse
und d' Vadder had
sei Messerle gschliffe.

Wenn er noo d' Hoos
dod gmachd had,
doo hewwes mih ins Haus
gschiggd.

Nochher beim Abziehe vom Fell,
hob ih widder zugugge derfe.

D' Hoos is mid d' uffgschlidzde
Hinderfieß an em Galge ghange.
Und d' Vadder had sorchfeldich
mid em schbidze Messerle
Schdiggle fer Schdiggle
d'Haud vom Fleisch abdrennd,
dem Hoose 's Fell abzouche.

Bis d' Hoos abzouche wor,
naggich, ohne Aache,
zardrosa
mid em bludiche Koupf.

Des Hoosefell had er noo rumdrehd,
iwwer a Drohdgschdell zouche
und am Hihnerschdall
uffghengd.

Doo is es ghange
wie a Jagddrofähe,
wie von onere andere Zeid.
Und d'Luufd had des Fell
langsam druggend.

Nach a boor Wuche
hob ih noo des Fell griechd,
hobs noo zum Gerber Kehler droche
und hob dofier
dreißich Pfennich griechd.

Oh Mol,
Oufang November,
hewwe mer von d' Jungeschafd
unsere Kothe iwwer d' Golch
nooh bei Walmishoufe
uffgschloche.

Des wor des erschde Mol,
dass mer im Zeld zum Iwwernoochde
a Feierle zum Wärme
gmachd hewwe.

Und zur Premiere
had uns mein Vadder
en Hoose schbendierd.

D' Erich had den abzouchene Kerl
im Kochdopf von Weigerschi
bis zum Lacherbladz drooche.

Dann hewwe mer den Hoos
uff en Eiseschbieß gschdeggd
und iwwer a Feierle drehd.

Wie der sou ghange is,
mid seim naggiche Koupf,
d'korze, abgschniidene Fieß
nach vorne und hinde
ausgschdreggd,
vom Feierschei a bissle
ougschdrahld,
doo mohnd doch oner:

51

»Der siehd aus
wie a Kadz!«
Noo wor's
mid meim Abbedid
scho vorbei.

Am nächschde Morche
sin d'Hooseknoche
mid Rauhreif iwwerzouche
um d'Zeld rum glieche.

Denne Kerle had
der abzouchene Hoos,
der naggiche,
ohne Aache,
der zardrosane
mid em bludiche Koupf,
guud gschmeggd.

Heid wär des sicher
anders!

Brood bagge

Mei Muder
had sicher ned viel glernd in d' Schul,
awwer 's Brood bagge,
des had se kenne.

D' Schdaddmiller had's eichene Koore
mid em Vorbachwasser gmohle.
Im Mehlbhelder underm schreche Dach
is 's Mehl uffghouwe worre.

Wenn 's Brood ausgange is,
wor bei d' Muder Baggdooch.

Aus Mehl, Wasser, Salz –
und in em ougschloochene Emailschissele
had se a bissle grauer Sauerdaach
uffghouwe ghobd –
had se d' Daach ougsedzd.

Uff em alde Kichediisch
had se d' Daach
ougriihrd, durchkneded,
durchgschlooche.

Dann is er in
aus Schdrooh gflochdene Nepf kumme,
die mit weiß-blaue Dichle ausgleichd wore.
Doo had d' Daach

uff em Schduwediisch
Zeid zum Durchschnaufe griechd,
had in Ruh gehe kenne
und had dobei ebbes zugnumme.

Mid em kloone Laaderwechele –
d'eiserne Raafe hewwe uff d' Schdrooße
kloone Schdoohle gmohle –
hob ih d'Nepf zum Begger Walder gfohre.

D'Dichle sind iwwern Daach zammegschlooche worre,
damid jo koon Schdrooßedregg neikumme is.

Sou bin ih mid dem schderrische Wechele
durchs schmoole Schulgengele gfohre
und hob uffbasse misse,
dass ih ned an em Hausegg
henge bliewe bin.

Newe d' Kerch wor d' Begger.
Doo hob ih dann mei waache Frachd abgloode,
immer zwaa grooße Nepf under d' Ärm klemmd
und bin 's Schdäffele nuffgschwangd.

D'Beggeri had mer dann 's
Gschäfd abgnumme und d'Nepf
in a langs Regal gschdelld,
des an d' hindere Wend wor.

Eifrich is d' alde Walder,
a kloos, ausdruggends Männle,
mid em lange Broodschieber
vor seim Oufedierle rumgschbrunge,
hemdsärmlich mid alde Housedrecher,
wie 's Rumbelschdilzle.

Warm wor's in d' Baggschduwe und weiß –
wie bei d' Fraa Holle.

Und uff em Wendregal
sin scho knuschbriche Woochereder glieche
und hewwe uffs Abholle gwarded.

Wenn des heid d' Werdschafdskondrolldinschd sehe däd,
der däd sei sauwere Hend
iwwer d' kahle Koupf zammeschlooche!

A boor Dooch schbäder
hob ih mei Fuhrwergle widder
newe d' Kerch abgschdelld
und hob's ferdiche Brood abghold.

D'Deggle hob ih widder
iwwer d'braune Broodlaib gschlooche,
bin 's Schulgengele widder nuff
und hoom z'Marieschdrooße gfohre.

Dann beim Owedveschber
had d'Muder d' erschde Sechspfinder ougschniide.
Mid em riesiche Messer
had se vor d' Bruschd d' Laab durchgschniide
und dann grooße, gleichmäßiche Scheiwe roogschniide.

Die reschdliche Hälfde vom Laab
und die andere Laawe sin in d' gwelbde Keller kumme.
Uff em an d' Degge uffghengdem Gschdell
wore se sicher vor d' Meis.
Die Broodfuhr had dann fer zeh Dooch glangd.

Des Brood is ned aldbaggich worre wie heid,
des had no nach zwaa Wuche guud gschmeggd,
und wenn's amol z'hard wor,
had d'Muder a bsondere Schwarzbroodsubbe
draus gmachd.

A sodde Subbe
findeschd in koom Kochbuch.
Und ihr Broodrezebd
had d'Muder mid ins Groob gnumme.

Feierle mache

Frieher hewwe mer geere
a Feierle gmachd –
hoomlich –
und dobei derrs Groos
in Zeidungsbabier eigwiggeld
und des graachd.
Des had awwer kooner sehe derfe.

Schbäder in d' Jungeschafd
sin mer mid d' Ruggsegg
viel underweechs gwese.
Doo had am Owed
vorm Zeld
a Feierle oofach d'zugherd.

Frieher had mer an d' Berch
im Dauwer- und Vorbachdool
nach'm ledschde Schnee
a riesichs Feierle gmachd.

Des derre Groos had mer abbrennd.
D'Berch hewwe sauwer sei misse!

Des Feierle had mer
ned sou gfalle!
Des wor mer meischdens
viel z'grooß,
und jedesmol hob ih Engschd ghobd.

D' Vadder had erschd
owwe am Berch
a kloos Feierle gmachd,
sou dass doo scho
alles abbrennd wor.
Dann had er unde
's derre Groos ouzunde.

Wie d' Deifel
is des Feier
d' Berch nuffgschbrunge
und had meischd
ned sou gwelld,
wie's vorgsehe wor!

D' Wiind had se drehd,
odder 's Feier is z'grooß worre.
Dann hob ih gheild
und mid em Reche odder a Gawwel
verzweifld midgleschd.
Erchedwie is es bei uns
immer alles guud ausgange.
Mid schwarzem Schwaaß
und rußichem Gsichd
wor dann d'Erwed gmachd.

Wie wor ih frooh,
als amol d' Kiddels Fridz kumme is
und se endschuldichd had,
weil sei Feierle
ned ner sein Berch,
sondern ah unsern
schwarz gfresse had!

Heid is des verboude
en Berch abzuflamme.
Heid sin d'meischde
Berch mid Hegge zugwachse.
Und kooner
reichd se meeh uff,
dass im Friehjohr
d'Berch ned sauwer sin.

Wie sich doch d'Zeide
ah doo ändere!

Kieferei

's schmeggd nach Eicheschbeh,
nach Schwefel und Mouschd.
's riechd nach oubrenndem Houlz
und nach roschdiche Eiseraafe.

Houlz und Bandeise,
Schwaaß und d'gschiggde Hend vom alde Kiefer,
sunschd goor nix.

Draus mechd der a Fass,
dichd,
dass d' Mouschd drin reife kou,
rund odder,
wenn's sei muss, ah oval.

's Wergzeich wie d' Kiefer,
ald, urald und runzelich.
Von Schbinnwebe umwobe
und von d' Seche ougfresse.

Bohrer und Hemmer
mid schiefe Zeih,
d' Zirgel mid O-Fieß
und d'alde Bandsech mid em Higgser.

Mer solld's ned glaawe,
dass mer sou a Fass
aus harde Eichedauwe nougriechd,
des iwwer d'Johr
d' Mouschd halde kou!

D' Kiefer dringd scho lengschd
sein Mouschd mid em Petrus.
Und wo amol d'Werkschdadd gschdande is,
schdehd heid a Mehrfamiliehaus.

Im Mouschdkeller sin heid Garasche.
Fer d'Fässer had mer heid Tanks.
Und d' Benzinbreis is heid wichdicher
als der vom Mouschd.

Doch domols
had mer no meeh Zeid
ferenander ghobd,
had em Kiefer
beim Fassmache zuguggd
und ah amol,
wenn's nedich wor,
mid nouglangd.

Wie der uff d' Schdrooße
a Feierle gmachd had
und d'Fässer mid onere Winde
zammezouche had!

Beim Feierowed had er noo
a Kriechle aus em kiehle Keller gholld.
Dann had mer se no a bissle
uff d' Benk vorm Haus zammegsedzd
und beim Mouschd
no ebbes verzeild.

Awwer wer mooch heid no
en sauere Mouschd?
Wer mooch se heid no
weche denne boor Epfel
an d' schdeile Heng abblooche?
Wer mooch heid no des ganze Gschäfd
mid d' Mouschderei?

Im Subbermargd griechschd heid ah en Mouschd –
in Flasche.
Der is a bissle siiß!
Hoffendlich schmeggd er d'r ah!

Mir nedde!

Dresche

Wos dresche is, waas heid
faschd koo Kind meeh.

Dresche grieche,
des scho.

Awwer 's Dresche wor
fer d'kloone Baure,
fer d'Neweerwerbslandwerd,
d'Hochzich vom Johr.

Driwwe in d' Dreschscheiere is
en technische Dinosaurier gschdande,
a mächdiche Dreschmaschine.

Die had d'Gedreidegarwe gfresse,
an d' Seide d'Kerner in grooße Segg gschbuggd,
und hinde am Orsch
's Schdrooh rausdriggd.

Doo bin ih meischdens gschdande,
weil ih nix bessers kennd hob.
Hob die gbindelde Scheiße wegzouche
und uff en Haufe gschdabeld.

Indressander wor's fer mih,
wenn d'Dreschmaschine –
wore d'Kloobaure ferdich –
zu d' Grooßbaure kumme is.

Dann had d' Adam mit em alde Lanzbulldogg
die drei Onzeldaal von d' Dreschmaschine
in d'Scheiere von d' Baure bugsierd.

Wenn alles richdich gschdande is,
had d' Bullogg mid d' schwarze Hardgummiraafe
d'Dreschmaschine zum Laafe brochd.

Uff em Schwungrood vom Bullogg is en Rieme kumme,
der dann mid d' Dreschmaschine
verbunde worre is.

Awwer zuerschd had d' Bullogg
amol laafe misse.

D' Adam wor wie en Hohebrieschder.
Er had a eiserne Vase gnumme,
mid einiche Lecher drin,
had doo Ehl neigleerd
und des ouzunde.

Die brennende eiserne Gussvase
had er noo schnell
undern Bulldogg gschdelld.

Noo hob ih Engschd griechd,
weil ih gmohnd hob,
d' Bulldogg brennd ou.

Schnell had d' Adam
des Lengrood vom Bulldogg rausdrehd
und vorne in d' Bulldogg neigschdeggd.
Noo had d' technische Hohebrieschder
ganz schnell drehd –
und huschdend und schbuggend
is d' Modor von dem alde Bulldogg ougschbrunge!

Hob ih mei Aache uffgrisse
und d' Adam bewunderd,
wie der des mid dem Feierle
nougriechd had!

Abord leere

Als klooner Buh hob ih ned gwissd
wos a WC is,
wos a Kloo is.
Ih hob ner d' Abord kennd.

Als ih mid zwelf Johr amol
im Kreiskrangehaus in Merchedool gleeche bin,
had mih d'Schwesder amol gfrochd,
ob ih en Schduhlgang ghobd hob.
»Noo«, hob ih noo gsoochd,
weil ih ned gwissd hob,
wos en Schduhlgang is.

Unser Abord,
des wor en langer, schmooler Gang
mid em kloone Fenschderle an d' Außewend.
Drunder wor iwwer d'ganze Braad
a braaders Houlzbredd
mid em runde, greßere Louch drin,
des scho ganz abgschliffe wor.
Mid em runde Houlzdeggel
mid em Griff drou
had mer des Louch zugmachd.

Rechds in d' Wend
is en grooßer Nochel gschdeggd.
Uff dem had mer
kloogschniidenes Zeidungsbabier
uffgschbießd –
zum Orsch abbudze.

's Gschäfd is erchedwie dief
ins Dungle gfalle.
Dumpf had se's ougherd.

Awwer oh Mol im Johr
wor des Dungle voll.
Noo had's ghase:
»Am Samsdich misse mer d' Abord leere!«

Noo is mer mid em ebbes greßere Handwechele
mid em dreggiche Houlzfässle druff
meglichschd nooh an d'Abordgruwe gfohre.
Alles wor arch eng
und unser Haus is ah no
an em Hang gschdande.
D' Deggel von d' Gruwe wor diregd
newe'm Nachber seinere Hausdier.

Vielleichd wor des d' Grund,
worum mei Vadder,
seid ih mer denke kou,
koo onzichs Word
mid em Nachber gschwädzd had.

Den Deggel had mer zur Seide zouche.
Midere Schepfe
mid em lange Schdiehl
had mer die braune Briih
in en Omer gschepfd,
den dann vor zum Fässle drooche
und durch en grooße Blechdrichder
ins Fässle gschidded.

Wor's Fässle voll,
had mer 's Wechele
durchs Schdäddle
naus zum Galcheberch zouche,
und 's Fässle had
a dufdende Schbuur
uff d'Schdrooße gmoold.

Draus em Galcheberch had mer
d'Briih an d'Boome verdaald
als Nadurdinger.
Koo Wunder, hob ih amol
in em Abord in onere Juchendherberch
den Schbruch gfunde:
»Hier driggd d' Mensch
mid Mieh und Krafd
d' Seeche fer die Landwerdschafd!«

Frieher had mer
koo Kläroulach kennd.

Heid is des alles anders.

Selbschd d'ärmschde Laid
misse ihrn Abord
ned selwer leere!

Die däde goor ned wisse,
wie des gehd!

Konfermandeouzuch

In alde House,
selwergschdriggde Pullower,
gschdopfde Knieschdrimpf,
in abdrochene Schuh
bin ih uffgwachse.

Und dann wor ih pledzlich verzeh
und Konfermazion is vor d' Dier gschdande!
»Wos ziehe mer dem Kerl ner ou?«,
hewwe mei Laid gmohnd
und hewwe d' Klaaderpelder
uff em Boude durchgwiehld.

»Kenne mer nix von em Bekannde ausleihe?«
»No«, had mei äldere Schwesder gsoochd.
»Mir hewwe immer abdroochene Sache ouziehe misse.
D' Karle griechd jedzd wos Neis!«

Und sou hob ih mein erschde,
dungelblaue Ouzuch griechd.
D'Grawadde dozu wor vom Vadder
und der had mer se ah schdolz umbunde.

Um ehrlich zu sei,
wohl gfiehld hob ih mih in dem Ouziichle ned!
Domid had mer ned uff d'Boome gleddere kenne,
ned gscheid Fußball schbiele kenne.

Awwer scheeh hob ih scho ausgsehe,
a bissle zu erwachse,
a bissle abgschleggd.

Den Ouzuch hob ih nach d' Konfermazion
ner sunndichs ouzieche derfe,
fer d'Kerch und wenn mer
amol en Bsuch gmachd hewwe.

Werkdoochs
is der im Schrank ghange,
vorm Dregg und d' Modde in Sicherheid.

Awwer nach a boor Johr
sin manche Schdelle vom Kiddele scho heller worre
und dann hob ih den ah scho amol
werdichs ouzieche derfe.

Noo hob ih d' erschde Knoupf verloore
und d'Muder
had en ehnliche nougnähd.

Und sou is langsam des Kiddele immer wenicher worre.
Doo hob ih ihn
zum Schaffe ouzouche.

Des had em Narwe grisse
und Lecher gmachd
und d'blau Farb is immer grauer worre.
Sou, dass ih en nimmi hob ouzieche welle.

Und dann had en d' Vadder gnumme,
ihn mid Schdrooh ausgschdopfd,
uff onere lange Schdange uffgschbießd,
und sou an en Kerscheboome bunde.

Als Vochelscheich,
mei Kiddele,
mid dem ih in d' Kerch
vom Schdaddpfarrer
eigsechend worre bin!

Gaasebaure

Frieher wore mir Gaasebaure!

Bei d' Gaasebaure
wor alles a bissle klooner:

D'Kiih,
d' Schdall,
d'Scheiere,
's Heisle
und d' Geeldbeidel.

Awwer verhungerd sin mer ned!

Wenn im Friehjohr
d'Gaase Junge griechd hewwe,
had manchmol d' Bladz im Schdall nimmi glangd,
odder es wor fer d'kloone Dinger
no zu kald.

Dann had mer
die zwaa odder drei junge Gaasle
in d'schmoole Kiche,
die sowiesou scho z'kloo wor, due.

En Weidekrewe,
der mid Schdrooh ausgschdopfd wor,
wor d' neie Schdall
von d' kloone Dinger.

Nachds had mer dann no
en zweide Krewe
driwwergschdilbd.

Die kloone Gaasle
wore nedde, neigieriche Viecher
und hewwe mid ihre hohe Schdimmlich
vor se nou gmeggerd.

Die hewwe ihre Gaasebebbele,
die ausgsehe hewwe wie Kaffeebohne,
ins Schdrooh driggd,
und manchmol is a kloos Bächle,
a braune Briih,
wie d'Dauwer,
gmiidlich iwwer d' Kicheboude gloffe.
Des had gschdunge!

Awwer d'Viecher
hewwe bei d' Gaasebaure,
sou wie se wore,
mid zu d' Familie gherd.

Dofier sin mer guud durch
d' Kriech kumme
und d'harde Nochkriechszeid
had uns ah ned am Hungerduuch gnabbere lasse.

Heid kou sich des kooner meeh vorschdelle:
in onere neie Eibaukiche
mid allem drumm und drou,
zwaa odder drei junge Gaasle,
die ned schduwerein sin!

Verschdeggerles schbiele

Frieher hewwer mer ned viel Schbielzeich ghobd.
Des Weniche wor meischd
selwergmachd.

Geere hewwer mer Verschdeggerles gschbield.
Vor allem beim Nachber
mid seinere Werkschdadd,
dohinder en grooße Houlzberch,
alde Houlzhiddle und en mächdiche Hollerbusch.
Dann alde Houlzfässer in jedere Greß,
en verschissene Hihnerschdall,
a alde, zugwachsene Schdoohdrebbe
und kloone Gengele und Gässle.
Des wor scho scheeh,
wor a richdichds
Verschdeggerlesparadies,

ah wenn d' alde Kiefer
sou manche Fliich uns an d'Kepf
gschmisse had.
Heid däd mer sooche:
Des wor en Kindererlebnispark.

Manchmol hewwer mer ah
Verschdeggerles im Schloußpark gschbield.
Mir sin iwwer Meierle gschdieche,
durch dichde Bisch gschlupfd,
hewwe dobei ah amol
d'House verrisse
und wore noo im Paradies.

Die alde Buxboomhegge,
grooß und dichd,
mächdiche Boome
zum Nuffgleddere,
und die viele Schdoohfigure,
hinder denne had mer se guud verschdegge kenne!
Und erschd hinder d' Oroscherie!

Mer had ner uffbasse misse,
dass oom d' Neiberd vom Schlouß
ned erwischd had.
D' Brinz Conschdandin,
der had gmiidlich sei Rose gschniide
und sou is er ah gloffe.
Der had ned renne kenne,
der wor ned gfährlich.

Wenn ih amol
ins Schlouß kumme bin,
wos ganz selde wor,
hob ih immer Engschd ghobd,
dass ih mih drodz d' Fiehrung verlaaf.
Die viele Drebbe, die lange Geng,
die uhibersichdliche Zimmer,
die viele Egge
und widder a Drebbe
und iwwerol Bilder mid Kepf,
die on ougugge!

Doo häd ih geere amol
Verschdeggerles gschbield.
Doo wärs Verschdegge
ganz leichd gwese.

Ob die Kiind,
die doo frieher drin uffgwachse sin,
ah Verschdeggerles schbiele hewwe derfe?
Awwer des Schbiel wor eichendlich
fer d'Kiind von d' arme Leid.
Dobei is mer manchmol dreggich worre
und had d'House verrisse.
D'Muder had se widder gfliggd
und d' Vadder had d'Fligge
mid d' flache Hend kräfdich noughefded.
Sou had's dobbeld ghalde.

Heid kouschd im Schloußpark
nimmi Verschdeggerles schbiele.
Heid is des wie in em Freizeidpark,
heid muschd, wenn in d' Park willschd,
Eidridd zoohle.

Heid gibd's doo koo dichde Bisch meeh
und d'alde Boome sin scho lengschd
durch d' Kamin naus.

Heid bliehe doo s'ganze Johr
viele scheene Blume.
Doo derfschd ned druffdabbe!
Und d'Weech sin ganz braad ougleichd
und weiß gschodderd.
Doo wegsd koo Uhkraud meeh.

Na ja,
wenn's wos koschded,
kou mer ah wos
fer sei Geeld
verlange.

Chrischdboome

Frieher had's lang dauerd,
bis Weihnachde worre is.
Als klooner Buh
hob ih d'Bescherung
kaum erwarde kenne.

Awwer zuerschd had mer
en Chrischdboome brauchd.
D' Vadder had bei d' Telefoner gschaffd,
und des ah no am Heiliche Owed,
wenn der en Wergdooch wor.

Sou is amol en klooner Buh
am Heiliche Owed –
's wor scho dungel –
drauße uff em Bohnhouf gschdande
und had gwarded:
uff d' Zuch,
uff sein Vadder,
uff d' Chrischdboome.

Dann is d' Zuch eigfohre,
midere weiße Dampfwolge.
D' Vadder is ausgschdieche,
underm Arm sei alde Veschberdasche,
awwer ohne en Chrischdboome!

In mir is d'Weld zammebroche!
»'s had nimmi glangd,
mer hewwe souviel Gschäfd ghobd.«,
had d' Vadder ner gsoochd.

Erchendwie had er dann
no sou en griine Bese
mid a boor Nodeln drou
vom Nachber griechd.

A anders Mol,
doo hewwe d'Telefoner
mid ihrm graue Laschdwooche
am Heiliche Owed
a miggrichs Chrischdbeemle vor unserm Haus
vom Laschdwooche gschmisse.

Erchedwo hewwe se des Beemle abgsechd
und fer d' Vadder midgnumme.
Gschdouhle, en Chrischdboome!

Des Beemle war sou miggrich,
dass selbschd ih,
ih klooner Buh,
mih driwwer uffgreichd hob.

Die oh Seide wor a weng arch dinn.
Sou hewwe mer die in d'Egge gschdelld,
awwer d'andere Seide
had ah a grooßes Louch ghobd.
Des had d' Vadder dann eigsehe.

Er had dann en Reisichaschd aus em Garde gnumme,
mit em Nouchelbohrer im Schdamm
an a dinne Schdell a Louch bohrd
und d' Aschd neigsezd.

Mid dunglem Schalddrohd had er dann no den Aschd,
sou dass mer's meglichschd ned siehd,
zwaa Mol verschbannd
und dann viel Lamedda noughengd.

Des wor vor fuchzich Johr.
Heid bin ih selwer Vadder
und sech mein Chrischdboome mid meim Buh
aus em Wald von em Bauere ab,
en grooße,
en gleichmäßiche,
oner, der vom Boude bis zur Degge langd!

Und den bezoohl ih fei,
ehrlich.

Fußballschbiele

Als kloone Buwe wore mer
viel uff em Schbordbladz.

Alles wor ned sou perfekd
wie heid.
Wir hewwe koo Kickschdiefel ghobd,
sondern in d' Schdrooßeschdiefel kiggd.

Wir hewwe koo farwiche Trikos
mid Riggenummern ghobd,
sondern hewwe im Underhemedle gschbield.

D'Door wore viel z'grooß –
wenigschdens fer 'n Doorward.
Kloone Schielerdoor gab's domols nounie.

Und d' Bladz wor
meeh a Wiese als en Bladz.
Doo däd heid koon A-Klasseverei druff kigge.

Awwer fer uns wor des alles
guud gnuch.

Vielleichd is desweche kooner von uns
en grooße Fußballer worre.

Ih hob geere vorne im Schdurm gschbield,
hob geere versuchd,
a Door zu schieße.

Dann had mei lediche Schwester
a Kiind griechd
und ih hob d' Kinderwooche
schbaziere fohre misse.

Niewern Schbordbladz bin ih gfohre
und hob dann
im Door gschbield.

Hinderm Door hob ih
d' Kinderwooche nougschdelld,
gschidzd vor d' scharfe Bell.

Und wenn des Madle im Wooche gschriih had,
bin ih schnell hinders Door gschbrunge
und hob den Wooche gschaugeld.

Koo Wunder,
dass mer d'meischde Schbiel
verlore hewwe.

Unser Keller

Under unserm kloone Heisle
wor en grooße,
gwelbde Keller.

Dungel wor's doo drunde
und 's elekdrische Liichd
had mer ner owwe vom Gang
oumache kenne.

Drunde wore d'Mouschdfesser,
d'Kardoffel hewwe doo
ihre blaache Aache driewe
und 's Brood is uff em helzerne Roschd gleeche,
dass d'Meis ned noukumme sin.

Heid wär mer frooh
iwwer sou en guude Keller.

Awwer domols,
als klooner Buh,
had der guude Keller
fer mih no wos anders kennd.

Wenn ih amol nimmi sou schaffe hob welle,
weil ih mid meine Schulkamerade
uff em Schbordbladz hob kigge welle,
dann is d' Vadder narred worre
und had mih
in d' dungle Keller gschberrd.

Doo wor dann d' guude Keller
fer mih
a dungels Gfängnis.

Noo,
ih mooch heid
koo guude,
gwelbde Keller
meeh!

Und d' Mouschd
und d' Weih
aus sodde Keller
schmeggd mer ned –
und werchd mer
d' Hals oh,
dass ih mohn,
ih muss erschdigge.

Umweldschudz

Frieher had mer kaum wos weggschmisse!
Und des, wos mer weggschmisse had,
is uff d' Mischdschdadd glanded,
odder uff d'Houle kumme,
a alde Lehmgruwe.

Doo hewwe mer nach leere Zohnpaschdaduwe gsuchd
und die em Beggemichele brochd.
Der had uns en Magned,
odder finf Pfennig dofier gewwe.

Wenn d'Gail uff em Weech durchs 's Schdäddle
amol ihr Gailbolle abgloode hewwe,
noo sin die ned lang uff d' Schdrooße gleeche.

D' Schdeins Heiner is korz denooch
mid seim alde Handwechele kumme,
mid quiedschende, waggliche Reeder.
An d' Seide, vorne und hinde
had er en grooße Babbedeggel neigschdeggd,
dass nix durchrudsche had kenne.

Dann had er mid em abgwedzde Kehrbese
und onere alde Kehrschaufel
alles sauwer zammegfegd.

Sei werdvolle Frachd had er no
nuff d' Winderberch gfiehrd
und domid sein Komboschdhaufe gfierderd.

Domols wor's Schdäddle no sauwer
und des had d'Schdadd
koon Pfennich koschded.

Biblische Gschichde

Gschichdle gab's,
als ih kloo wor, wenich.

Die meischde wore
biblische Gschichdle.

Die Gschichde
von Sodom und Gomorrah,
die had mer arch zu schaffe gmachd.

Wie des Feier vom Himmel gfalle is,
und alle Heiser, alle Mensche
sin elendichlich verbrennd!

Weil se gsindichd hewwe,
wos des wor, wor mer domols
ned ganz klar.

Ih hob hald gmohnd,
dass d'Laid sunndichs
ned in d'Kerch gange sin.

Hewwe ned jeden Dooch beded,
hewwe am Sunndich gschaffd.
Desweche had se d' liebe Godd
grausam verbrennd.

Und d' Abraham had
um d'Laid in Sodom kempfd.
Had mid em liebe Godd ghandeld,
bis uff zeh Fromme roo.

Wenn ner zeh dovou in Sodom lewe,
verschond er d'ganz Schdadd.

Oweds im Bed hob ih
ougfange zu zeile.

Hob Engschd
um mei Weigerschi ghobd,
dass doo ah a Feier
vom Himmel rechend.

Und alle Heiser,
des scheene Schlouß,
die grooß Kerch
und alle Weigerschmer verbrenne.

Hob grampfhafd
d'Nome von Laid uffzeild,
die vorm liebe Godd
beschdehe hewwe kenne!

Und ih bin ohfach ned
uff zeh kumme!

Und d'Engschd
had mih umdriewe.

Engschd vorm Feier,
Engschd um des Schdäddle.

Heid mohn ih,
dass manche biblische Gschichde
nix fer d'kloone Kiind sin,
fer die uhschuldiche Seele.

Dass se zu grausam sin
und ner Engschd mache.

Awwer vielleichd
is des alles scho iwwerhold.

Wenn ih heid in d'Zeidung gugg,
muss ih zwaa Mol nougugge
und kou's faschd ned glaawe,
wos heidiche Kiind alles due.

Doo sind die biblische Gschichde
no harmlos.

D' Mindleinsbug

Frieher had jeds Kiind
im Schdäddle
d' Mindleinsbug kennd.

Im Winder sin mer,
wenn's amol Schnee im Dauwerdool ghobd had,
mid d' Schliide d' Buggel noo gfohre,
bis in d'Noochd nei.
Am Buggel is owwe und unde
a Schdrooßeladere gschdande.

Dann sin d'Laschdweeche uff d' gladde Schdrooße
nimmi d' Berch nuffkumme
und d'Fohrer hewwe iwwer uns gschumpfe.

Geicheiwwer wor d' Harpfebug.
Weil 's Harpfe doo gwouhnd hewwe.
Mir, d'Mindleins
hewwe unserem Buggel d' Nome gliehe.

Selbschd d' Boschdler
had den Mindleinsbug kennd,
der uff koom Schdaddbloon eizeichend wor.

En Brief an d'Muder
mid d' Uffschrifd
»am Mindleinsbug«
is oukumme.

Heid wouhne doo
koo Mindleins und koo Harpfs meeh.
D' Mindleinsbug hewwe se abgroowe
und a Umgehungsschdrooße draus gmachd.

Heid is des koon Buggel meeh.
Heid haßd des
Friedrichschdrooße!

Im Winder is die schneefrei,
feschd gsalze.

Ferd d'Kiind
mit ihre Schliide
und d' alde Nome
gibd's doo heid
koon Bladz meeh.

Erodig

Des Word
had's im Hohelohische
ned gewwe.

Des wor
uhouschdendich!

Fer sou wos
had mer
koo Zeid ghobd.

Mer had schaffe misse
fer sei dächlichs Brood.

's Vergniiche
is uff em Agger
lieche bliewe.

Wenn's hoch kumme is, wor
»Ih mooch di«
scho viel.

Des wor's noo scho!

Ons awwer
verschdeh ih ned:
Worum sin d'Hoheloher
nouni ausgschdorwe?

**Underweechs**

Dampflogg

D'Dampflogg, d' Zuch,
des had uns als kloone Buwe
immer ouzouche.

Wenn's draus em Bohnhouf
's Greichelmer Bimbele
Dampf abglasse had,
dann had's graachd und d'eiserne, schwarze Reeder
wore in weißem Raach eighilld.

Des had zischd und quiedschd.
Koo Wunder, dass mer geere
Ziichle gschbield hewwe.

Des is dann sou gange:
»Schi-da-da, schi-da-da,
schi-da-da, schi-da-da.«

Und wenn's d' Berch nuffgange is,
is alles schwerer gange:
»Schi—da—da,
schi—da—da.«

Und wenn noo 's Ziichle riggwerds gfohre is,
had se des sou ougherd:
»Da-da-schi, da-da-schi,
da-da-schi, da-da-schi.«

Heid gibd's des Ziichle nimmi,
und des »Da-da-schi«
schbield heid koo Kiind meeh!

Awwer d'Eiheimische,
die d'Hoheloher Schbrooch no kenne,
die zische no sou wie des Ziichle,
wenn se d'Schdäddle und d'Derfle
im Dauwerdool uffzeile.

Des herd se noo sou ou:
»Red-der-schi, Schef-der-schi,
Wei-ger-schi, El-ber-schi,
Mar-gels-si, I-ger-schi,
Merche-dool ...«

Awwer die
wore scho immer
wos Bsonders.

Farwe

Hohelohe,
des is scho
a bsonders Fleggle uff d' Landkarde.

Doo wor d' Herrgodd
guud uffgleichd,
als er den Landschdrich
under d' Finger ghobd had.

Und dann had er en
ah no ougmoold.
Liebevoll,
mid viel Gfiehl
und kräfdiche Farwe!

Die leichde ned ner
im Friehjohr
odder im Summer,
wenn d'Sunne scheind,
noo –
's ganz Johr iwwer.

Die welge ned
und blaache ah ned aus.
Selbschd bei Reechewedder,
wenn alles drieb is,
leichde die.

Und d' Herbschd
mid seine Neweldeech
kou unsere Farwe
nix oudue.

Sogoor in d' Noochd,
wenn d'Schdrooßeladere
scho aus sin,
leichde die no.

Bei uns geid's:
Schwarze-brunn und Weiß-bach,
Rood am See und Blau-felde,
Gelb-inge und Griins-feld,
Brauns-bach und sogar
a Gold-bach.

Jedzd sooch mer ner,
wo geid's denn
solche Farwe
sunschd no?

Burche

Frieher had mer gsoochd:
Hohelohe
is des Land
der Burche und Schlesser.

Heid däd ih sooche:
Hohelohe
is des Land
der Burche
und
Wiindreeder!

Gaildorfer Gailsmargd

Mehr Laid
als Gail!

Laid, Laid, Laid!
Gsichder,
verschlossene,
neigieriche,
hungriche,
dorschdiche,
feischde,
zerforchde,
under Hiid
verschdeggde.

Laid, Laid, Laid!
Ih kou
die viele Gsichder
nimmi uffnemme,
sie verschdegge se
hinderanander,
werde uhscharf,
uhdeidlich,
schwange an mir
vorbei.

Laid, Laid, Laid!
Jeder mid em
eichene, uhverwechselbare Gsichd,
jeder mid onere eichene Gschichde.

Werde zu
em grooße Brei,
vor dem
mer's schlechd
werd.

Laid, Laid, Laid!
Souviel
kou ih ned
verdrooche!

's dud
mer
leid!

Wasserschbiegelunge

Dungelheid is grood no
durchs offene Schdadddoor
ins Schdäddle gschlupfd.

D'Schdrooßeladere
leiche a gelbs Liichd
uff d' nasse Pflaschderschdooh.

Manche Fenschder
gugge mid blaache Aache
uff d'nächdliche Schdrooße.

Dief under d' Henkersbrigge
lefd schwarz d' Kocher
langsam und braad 's Dool noo.

Liichdschdraafe
schdehe im dungle Wasser
mid ausgfranzde Render.

Danze laudlos,
leichd oudrunge
nach lings und nach rechds.

Nach rechds und nach lings,
webe en farbiche Debbich
auf em dungle Kocher.

Wasserfarwe,
wässriche Farwe,
farbichs Wasser.

Drowwe uff d' Brigge
laafe d'Laid vorbei,
a Hendi am Ohr.

Gugge schdarr
vor se nou,
horche ougschdrengd.

Seeche ned,
rieche ned,
schbiere ned,

wos's under
ihre Fieß
alles
zu gugge,
zu erlewe
geid.

In Ehringe

D' Sunne schmeißt
lange Schadde durch d'enge Gasse
uff d'Pflaschderschdooh.

D' Margdbrunne brunsd
schdundelang aus seine
vier Röhrle.

Mir hogge am Kornhaus,
genieße d'Sunne
und dringe a Bier.

Am Newediisch a Klassedreffe:
Graue Hoor und kaum no Hoor
blaudere vielschdimmich midenander.

Verzeile von frieher
und lache viel.
Frieher wor des sicherli anders.

Am Brunne schreid
a italienischs Kind,
schrill, a kloone Sirene!

Frieher had's des ned
bei uns gewwe:
Kloone Sirene.

A graue Dauwe
dribbeld iwwers Pflaschder
und had's arch nodwendich.

Frieher wor des Federvieh
ned sou uffgrechd
und had Eier gleichd,
frieher wore des
Hihner!

D'Hoheloher

Erched en gscheider Mou
had amol gmohnd,
dass d' Herrgodd
sich bsonders gfrabd had,
als er 's Hoheloher Ländle
gmachd had.

Und dann had er
doo ah no
aus em Bolle Dreeg
d' Hoheloher
und aus onere Ribb
sei Fraa gmachd.

Und als d' liebe Godd
den Hoheloher ouguggd had,
wor er ganz z'friede
mid seinere Erwed.

Ner dass d' Kerle
a bissle ohgschlooche,
a bissle hinderfezich,
a bissle schlidzohrich wor.
Des had dem liebe Godd
doch z'denge gewwe.

Ihm had's ja nix ausgmachd,
er had den Kerle ja kennd,
awwer, um andere
a bissle vor dem z'warne,
had er em dann,
als Margezeiche
fer sei Schlidzohrichkeid,
en Schlidz ins Ohr gmachd.

Jedzd les ih heid in d' Zeidung,
dass d' Hoheloher goor ned
d' Erschde wor,
der in dem scheene Ländle
gwouhnd had.

Doo had mih faschd
d' Schlooch droffe!

Doo schreibd doch oner,
der se auskennd,
dass Hohenlohe
a bsonders Fleggle
uff d' Erde is.

Des hob ih ah gwissd!

Awwer ah scho viel frieher.
Doo sind d'Hoheloher
no uff alle Viere gloffe,
hewwe a Gosch voll scharfe Zeih ghobd,
a fliehende Schdire,
und riesiche Gralle an d' Fieß.

D'meischde Hoheloher
hewwe ah no guud schwimme kenne,
hewwe en grooße Schwounz ghobd.

Hohelohe wor vor zwaahunderfuchzich Millione Johr
a Paradies fer d'Saurier!

Worum wore die grood bei uns?
Worum sin die ned nach Malorka gloffe,
gschwumme odder
vielleichd ah gflouche?

Na ja,
weil's Hoheloher Ländle
scho immer scheeh wor!

Awwer ons
däd ih doch geere no wisse:
Hewwe d'Urhoheloher
ah en Schlidz im Ohr ghobd?

Verzichdausend Knoche
hewwe se von denne Saurier
bei uns gfunde,
awwer koo onzichs Ohr.

Ih kou mer
ganz guud vorschdelle,
dass die alle
en Schlidz im Ohr ghobd hewwe.

Wos anders
is in dem Landschdrich
ned normal!

Gugg mih ou!

Nochrichde

In Blaufelde
hewwes en griine
Schwarzkiddel gschosse.

Am weiße Sunndich
wisse se in Schwarzebrunn ned,
wos se ouziehe solle.

In Weißbach
is d' Kocher
selbschd mid d' schdärgschde Brille
ned weiß. –
Sauwer däd mer scho lange!

Worum leid's Schlouß
in Niederschdeide
owwe
und in Owwerschdeide
unde? –
Ach wos,
die hewwe doch goor koons!

Im Laudebacher
Gsangverei
singe se immer
ganz leis!

Braunsbach
hewwe 's neilich
mid em Farbfilm
fodografierd.
Des wor
nausgschmissens Geeld.

Weschdheim
leid im
Wilde Hohelohe.

In Rood am See
verkaafe d'Liichebeidel
roods Wasser
als Weih.
Jedzd haßd d' Ord
Rood am Weih.

Am Kocherdool

Blauer Himmel,
d'Sunne is no a bissle
blaach um d'Noose rum.

Mächdiche Epfelboome
schdregge ihr naggiche,
rauhe Äschd ins Blau.

Wilde Reweschdrigg
henge von d' Boome roo,
wie Nadursaal.

Frieher hewwe mer die,
als arme Buwe,
hoomlich grachd.

Krumme, eigfallene Schdoohmeierle
verzeile vom Plooche an d' Heng,
von onere andere Zeid.

D'erschde Schlisselbliemle
zeiche vorsichdich ihr gelwe Gsichdle.
Ner d'Häls sin nounie ausgwachse.

Hoch drowe moold
d' Maisebussard
leichde, laudlose Kreis.

Koo Mensch is underweechs,
um d'Middoochszeid,
sou drohmd 's Dool ruhich vor se nou!

Ner d' Kocher unde,
flischderd silbrich
a alds, gleichmäßichs Lied.

D'Jogschd

D' erschd Mai,
a Bilderbuchwedder.

Ih hogg an d' Jogschd
underhalb von Langeburch.

A Bächle kummd vom Berch roo
und lefd waali in d'Jogschd nei.

D'Wiese sin gelb von d' Lewezeih
und Boome hewwes erschde, zarde Griih.

's Wasser von d' Jogschd
lefd an mer vorbei.

Kloone Welle, federleichd,
Sunne schbiecheld se drin.

Awwer d'Jogschd mechd mih draurich,
's Wasser is sou braun.

Vier weiße Schwän
gaugle mer wos Weißes vor.
Awwer d'weiße Schaumkrone
kenne se ah ned verharmlose.

Wos due d'weiße Schwän ah doo?
Die kehre doch goor ned doo her!

A saubere Jogschd
ohne weiße Schwän,

wer mer liewer!

Drunde d' Dauwer

Zwaa Verliebde
schdehe uff em Roode Schdeech
drunde d' Dauwer.

Schdehe eng beienander,
hewwe d'Ärm umanander gleichd,
drigge se ananander.

Lehne se dobei ans Glender
und gugge ougschdrengd
im Wasser nach d' Fisch.

Doo kumme pledzli
a boor kloone Bläsle
an d'Wasseroberfläche.

Doo mohnd er:
»Doo, gugg amol nou,
d'Dauwer had
a Ferzle glasse!«

Newel

D' Newel is ins Schdäddle zouche,
ganz langsam, hoomlich.
Had alles in graue Diicher eigwiggeld,
d'Schdrooße, d'Heiser, d'Laid.

Had d'grooße Kerch eipaggd
in graues Paggbabier.

Had 's Schlouß verschdeggd
in graue Bedddiicher.

Had alle Farwe ausgwasche,
die d'Schdrooße noogloffe sin.

Ner d'schrille Schrei
von d' schwarze Grabbe
bringe no a bissle
a Farb ins Schdäddle.

D' Kerchdure

D' Kerchdure
schdehd midde im Schdäddle.
Mensche werde gebore,
werde greßer,
wachse uff,
werde ald
und schderwe.
D' Kerchdure
schdehd midde
im Schdäddle.
Des wor scho immer sou!

En Kombass

Frieher sin mer viel
durchs Hoheloher Land
gwanderd.

A guude Karde und en Kombass
hewwer mer doo meischd dobei ghobd.

Doo hewwe mer uns manchmol
an em hohe Kerchdure
odder an em Warddure oriendierd.

Oh Mol hewwe mer uns allerdings
in em grooße Wald granademäßich verloffe!

Heid bin ih widder amol
durchs Hoheloher Ländle gfohre
und durch Derfle kumme,
in denne ih no nie wor.

Ih hob wohl a Karde dobei ghobd,
awwer die hob ih ned brauchd.

Denn heid kouschd de in Hohelohe
nimmi verfohre odder verlaafe.

Heid sichschd von iwwerol
mindeschdens
oh Wiindrood.

Worum?

Worum
sind Langeburcher Wibele
sou korz?

Worum
sin in Schmolfelde
d'Ägger sou braad?

Worum
schdehd in Wiesebach en Wald
und in Waldeburch a Wies?

Worum
haßd Cralsi Cralsi?
Des schreibd mer doch hinde mid »heim«?

Und worum
haßd Kinselsi Kinselsi?
Des schreibd mer doch hinde mid »sau«?

Worum
schdehd in Kerchberch
koo Berchkerch?

Worum
schdehd die uff em Berch
in Laudebach?

Worum
is in Herbschdhause
ned 's ganze Johr Herbschd?

Und worum
gibd's in Apfelbach
iwwerhaubd
Biereboome?

Hoheloher Schbrich

Ih sooch nix –
des werd mer ner no sooche derfe.

Ih schaff wos –
des werd mer ner no due derfe.

Ih gugg weg –
des werd mer ner no sehe derfe.

Ih ess wos –
des werd mer ner no kaue derfe.

Ih dring nix –
des werd mer ner no saufe derfe!

**Feierowed**

Due wos

Due
koom wos,
wos du dir
ned oudue
dädschd!

Due
dem andere
mid deim
Due
ned weh!

Due
seim Kerber,
seim Sach,
seiner Seel
nix ou.

Due
em wos
Guuds,
des
dued
dir
und
dem andere
guud!

Schdille

D'Lufd held d' blaue Adem ou.

Schdumm schdehd en mächdicher
Biereboome in d' Wiese.

D' ledschde Reechedropfe
klebd an em Grooshalm.

A roode Schnegge
droomd von em grooße Salodbladd.

D'Erde schnaufd ganz leis
und gleichmäßich.

Und 's vorlaude Bächle
had endlich 's nasse Maul
zugmachd.

Owedrood

D'Sunne
is iwwer a Kischdle Roodweih
gschdolberd.

Owedwolge

Owedwolge
mid volle Dränesegg
laafe iwwer d' Himmel.

's hewwe ihr graue Noochdhemmeder ou,
sin awwer nouni im Bedd.

D' Wiind dreibd se nach Oschde,
die heimadlose Gselle.
's kenne ihr Wasser ned laafe lasse,
des uff d' Bloose driggd.

Und sou muss ih heid Owed
mein Garde widder selwer gieße.

Dämmerung

Langsam ziehd d'Noochd
d'ledschde Farwe
aus d' Blume, d' Boome, d' Wiese.

Und allne ziehd d'Noochd
zärdlich a graus Noochdhemmedle ou.

Wie a guude Muder,
die ihr Kiind ins Bedd bringd.

Sunndichowed

's Wucheend
had a End.

D' freie Dooch
kouschd nimmi halde.

D' Mondich im blaue Kiddele
schdehd vor d' Dier.

Ner d'Noochd
drennd de von dem Gselle.

Morche kehrd
d' graue Alldooch widder ei.

Mid seiner Erwed,
seim Schdress, seiner Hegdigg.
Doo kouschd die ned
uff d' Sunndich fraahe.

Denn sein Nachber
is d' graue Mondich.

Am Freidich um zwelfe
freih ih mih,
weil d' Mondich
no sou weid is.

D'Noochd I

D'Noochd liesd
laudlos
aus onere Zeidung.

Sie mechd
koo Liichd ou,
denn se had guude Aache.

Du siehschd ned,
wie se ihre Libbe bewegd,
waschd ned, wos se dengd.

Wos soll d'Noochd
a scho denge,
's is doch alles schwarz.

Uhhoomlich, gruselich,
finschder,
und du bischd aloo.

Doo brauchschd
en schwarze Humor,
um des
zu verschdehe.

D'Noochd II

D'Noochd
is d'Kellerdrebbe
noo gfalle,

had's Mouschdkriechle
zerdebberd

und d' Wiese
nass gmachd.

Feierowed

Em Nachber sei Greisseche had
endlich ihr scharfs Maul zugmachd.

D' alde Bulldog vom Bauer
is brav in sein Schdall gloffe.

D' Sieddeidsche Rundfung
is hinder em Fenschderloode
verschwunde.

Und des Rausche von d' Audos
von d'Bundesschdrooße hinderm Wald
had se vergroche.

Feierowed!

Ih hogg in meim Garde,
her d' Veichel zu,
endschbannd.
Dring a Glesle Weih,
z'friede.
Her a verschdeggde Grille,
ganz nooh
und 's leise Schnaufe
vom Groos,
gleichmäßich.

En klooner,
hardneggicher Schnoog
schderd mein Feierowed!